MAX KRUSE

Flori geht zur Schule

ILLUSTRIERT VON BRIGITTE SMITH

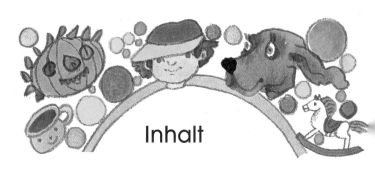

Inhalt

Flori wacht auf

Florian blinzelt. Die Sonne kitzelt ihn.
Schnell zieht er sich die Bettdecke
über die Augen.
In der Küche klappert die Mutter
mit den Töpfen. Ach herrje! denkt Flori,
gleich werde ich geweckt.
Flori will viel lieber noch im Bett
bleiben. Er macht die Augen fest zu. Er
will nichts hören und nichts sehen. Er
denkt an seinen Traum. Er war bei
einem großen grauen Hund zu Besuch.
Der Hund war noch größer als die
Mutter. Vielleicht so groß wie der Vater.

Der Hund saß an einem runden Tisch.
Vor ihm stand die Kaffeetasse. Vor ihm
stand auch eine Schokoladentorte.
Und es gab sogar Schlagsahne.
„Du kriegst nichts!" hatte der große
graue Hund streng zu Florian gesagt.

Er hatte mit einem Teelöffel einen Klacks
Schlagsahne nach Flori geworfen.
Die Schlagsahne hatte Flori auf der
Nase getroffen. Das hatte gekitzelt.
Davon war er erwacht.
Jetzt weiß Flori aber: es war alles
nicht wahr! Nicht die Schlagsahne
hatte ihn gekitzelt, die Sonne war es
gewesen.
Er hört, wie die Tür aufgemacht wird.
Sie knarrt immer. „Aufstehen!
Aufstehen!" ruft die Mutter. „Es ist
höchste Zeit! Du mußt in die Schule!"

9

2 4225-8

Flori steht auf

Flori reckt und streckt sich im Bett.
Er wackelt mit dem großen Finger.
Er wackelt mit dem kleinen Finger. Er
wackelt mit der großen Zehe, er wackelt
mit den anderen Zehen. Schade, denkt
er. Sie wackeln alle. Ich bin voll-
kommen gesund! Wenn ich nur ein
ganz kleines bißchen krank gewesen
wäre, dann hätte ich im Bett bleiben
können.
„Flori! Flori! Nun beeil dich aber",
ruft die Mutter aus der Küche. „Die
Uhr bleibt deinetwegen nicht stehen.

Und der Schulbus wartet auch nicht!"
„Ich komm ja schon", brummt
Florian. Er guckt sein verrutschtes
Nachthemd an. Ach, du armes Nacht-
hemd, denkt er. Jetzt mußt du ins
kalte Badezimmer.
Da kommt die Mutter.
„Ich hab von einem großen Hund
geträumt, der Kaffee getrunken hat",
erzählt Flori. „Er hat mir Schlagsahne
auf die Nase geworfen!"
„Und deshalb willst du nicht auf-

stehen?" fragt die Mutter.

„Nein", sagt Flori, „sondern weil mir mein Nachthemd so leid tut."

„Mir tut gleich dein Po leid", ruft die Mutter.

Da ist Florian ganz schnell auf den Beinen und saust geschwind ins Badezimmer.

Flori im Bad

Florian zieht sich das Nachthemd
über den Kopf. Er wirft es zusammen-
geknüllt auf den Handtuchhalter. Jetzt
ist er vom Scheitel bis zur Fußsohle
nackt. Er stellt sich auf die Zehen-
spitzen. Er ist ja noch klein, und der
Spiegel hängt sehr hoch.
„Guten Morgen", sagt er zu seinem
Spiegelbild und streckt sich selbst die
Zunge raus.
„Guten Morgen", antwortet das
Spiegelbild und streckt Flori die Zunge
raus.

13

„Dein Kopf ist ein Kürbis, deine Nase
ist eine Gurke, deine Augen sind Pflaumen, und dein Mund ist eine Schnauze",
sagt Flori zu seinem Spiegelbild.
„Dein Kopf ist ein Kürbis, deine Nase
ist eine Gurke, deine Augen sind

Pflaumen, und dein Mund ist eine Schnauze", sagt das Spiegelbild gleichzeitig zu Flori.

„Florian, wäschst du dich auch ordentlich?" fragt die Mutter aus der Küche.

„Jaja", antwortet Flori. Er dreht den Wasserhahn auf. Er läßt es ordentlich plätschern. Er macht sich die Nasenspitze naß.

„Du sollst dir auch die Zähne putzen", ruft die Mutter.

„Ist ja klar", antwortet Flori. Er läßt
Wasser ins Glas laufen und rührt
kräftig mit der Zahnbürste darin
herum. Das klingt sehr laut. Er nimmt
einen Schluck Wasser in den Mund und
gurgelt heftig.
„Beeil dich!" ruft die Mutter.
„Nur noch abtrocknen", schreit Flori.
Er spuckt das Wasser aus
und greift gleichzeitig
zum Handtuchhalter.
Er rubbelt sich kräftig ab. Da merkt er,
daß er sein Nachthemd erwischt hat.
„Wie gut, daß ich mich nicht naß
gewaschen habe", sagt Flori zu sich
selbst. „Sonst sähe das Nachthemd jetzt
schlimm aus!"

Flori zieht sich an

Flori patscht barfuß in sein Schlaf-
zimmer zurück. Das Nachthemd trägt
er zerknüllt über dem Arm.
Seine Sachen liegen auf dem Stuhl.
Er zieht die Unterhose an, er zieht sich
das Hemd über den Kopf, er zieht sich
die Strümpfe an und die Hose. Schließ-
lich steigt er noch in seine Schuhe.
Da kommt die Mutter ins Zimmer.
„Ich habe gar nicht gebummelt",
ruft Florian stolz.
„Nein! Aber wie du wieder aussiehst!
Flori, Flori! Du hast den rechten Schuh

17

am linken Fuß. Die Strümpfe sind
Korkenzieher, dein Hosenschlitz sitzt
auf dem Po, und das Hemd ist schief
zugeknöpft. Schau mal, hier am Hals
ist ein Knopf zuviel und ein Knopfloch
zuwenig, unten ist es genau umgekehrt."

„Das kommt alles nur von der
Hetzerei", sagt Flori.
„Fix, zieh dich wieder aus und richtig
an!" sagt die Mutter.
„Ich helfe dir."
Endlich ist Florian richtig
angezogen.

„Oh, deine Haare! Hattest du dir denn die Haare noch nicht gekämmt?" Die Mutter schlägt die Hände über ihrem Kopf zusammen.
Doch, aber du hast mir alles wieder durcheinandergebracht", meint Flori.

Flori frühstückt

Der Vater sitzt schon am Frühstücks-
tisch. Die Mutter hat eben die Kaffee-
kanne hingestellt.
„Komm endlich!" ruft sie Flori zu.
Der Vater kaut. Dann trinkt er
einen Schluck Kaffee aus seiner Tasse.
„Heute nacht habe ich etwas Komisches
geträumt", sagt er.
„Ich auch", meint Flori.
„Es ist höchste Zeit, daß ihr beide aus
dem Haus kommt", ruft die Mutter.
Sie wirft einen Blick auf die runde Uhr
über der Tür: „Du lieber Himmel",

21

seufzt sie, es ist gleich halb acht."
„Was?" ruft der Vater. „So spät
schon? Da muß ich weg!"
„Erzähl deinen Traum!" bittet Flori.
„Also: ich hab geträumt, ich wär
ein großer grauer Hund. Ich saß am
Tisch, und vor mir stand eine Torte,
und da kam eine winzige Maus herein
und wollte an der Torte knabbern.
Da hab ich einen Klacks Schlagsahne
nach ihr geworfen!"
„Au warte", schreit Flori.

„Das warst du?"

„Ich muß jetzt wirklich gehen", ruft
der Vater. Er steht auf. „Wie geht es
eigentlich in der Schule, Florian?"

„Soso", brummt Flori.

„Na", sagt der Vater, „ich werde deine
Lehrerin mal besuchen und hören,
was sie meint." Er geht um den Tisch,
gibt der Mutter einen Kuß, zupft
Florian liebevoll am Ohrläppchen und
macht dazu „Wau! Wau!"

Schon ist der Vater weg.

„Am Sonntag mußt du Schlagsahne machen", sagt Flori zur Mutter. „Damit ich Papa die Schlagsahne zurückwerfen kann, die er mir auf die Nase gekleckst hat."

„Aber Florian! Papa hat dich doch nie mit Schlagsahne beworfen!"

„Hast du eine Ahnung! So einen großen Löffel voll! Aber ganz was anderes stimmt nicht!"

„Was denn?"

„Ich war keine Maus!"

Flori auf der Treppe

Der Vater ist zur Arbeit gegangen.
„Flori, jetzt ist es aber auch für dich
höchste Eisenbahn."
„Warum sagst du ‚höchste Eisenbahn'?" fragt Flori.
„Ach, das ist so eine Redensart",
antwortet die Mutter. „Es heißt,
daß man sich beeilen muß. Früher sind
die Leute viel mehr mit der Eisenbahn
gefahren als heute. Und wenn sie nicht
pünktlich zum Bahnhof kamen, dann
war der Zug eben weg. Verstehst du?"
„Klar!" sagt Flori. „Dann muß es

4 4225-8

für mich aber heißen: höchster
Schulbus!"
„Allerdings", sagt die Mutter.
Schnell setzt sich Flori die Mütze
auf. Er schlüpft in die Riemen des
Ranzens. Rums! Die Tür fällt hinter
ihm ins Schloß. Er poltert die Treppe
hinab.
Beim dritten Stockwerk trifft er

Frau Schneuzel. In dieser Woche muß
sie die Treppe reinigen. Sie hat einen
Wassereimer und einen Schrubber.
Flori will an ihr vorbei.
„Ach, mußt du mir denn wieder
lauter Tapper machen?" fragt Frau

Schneuzel. „Lauf doch nicht extra durch die nassen Stellen!"

„Ich hab's aber eilig: höchster Schulbus!" ruft Florian.

„So ein Unsinn", brummt Frau Schneuzel. „Es heißt höchste Eisenbahn!"

Flori trifft Ella

Flori ist endlich drunten. Das Haus
liegt in einer Nebenstraße. Da gibt es
schmale Grasflächen und Gehwege.
Von rechts sieht Florian die kleine
Ella kommen. Sie schiebt ein Fahrrad.
Ihre Haare sind so blond wie Floris
gelber Waschlappen.
„Tag, Ella!" ruft Flori. „Komisch,
daß du noch Haare auf dem Kopf
hast!"
„Wieso", fragt Ella.
„Na, weil mein Waschlappen daraus
gemacht ist!" ruft Flori.

29

„Blödmann", sagt Ella. „Aus deinen
Haaren macht man bestimmt Schuh-
wichse." Sie ist jetzt ganz nah.
„Ich möchte mal wissen, warum du
dein Fahrrad schiebst. Ist es kaputt?"
fragt Flori.
„Du bist selber kaputt", antwortet
Ella. „Ich lern doch erst radfahren!"
„Ich kann es schon!" erklärt Florian

stolz. „Ich glaube, du lernst nicht
radfahren, sondern radschieben."
„Du bist tatsächlich bekloppt", ruft
Ella. „Ich kann schon radfahren,
aber noch nicht richtig aufsteigen.
Da fällt mein Fahrrad immer um.
Aber hier ist der Gehsteig gerade so
hoch, daß ich mein Pedal draufstellen
kann. Dann steht das Rad fest, und ich

kann aufsteigen. Aber wenn ich
irgendwo einmal absteigen muß,
dann muß ich immer wieder hierher
zurücklaufen. Ist doch klar, oder?"
„Klar!" sagt Flori. Er erinnert sich,
wie schwer er es hatte, als er radfahren

lernte. „Komm, ich halt dir das Rad
am Sattel fest", sagte er großzügig.
„Danke!" ruft Ella und versucht
aufzusteigen.
Da läßt Flori los und rennt davon.
„Mann! Ich komme zu spät!"
schreit er.

„Es ist schon höchster Schulbus!"
Ella kippt, kann sich aber gerade
noch abstützen. „Ich glaube, der ist
schon weg!" ruft sie hinter Flori her.
„Au warte!" schreit Flori.
Und er denkt, Ella hat genau gewußt,
was ich gemeint habe. Die ist doch nett.

Flori an der Haltestelle

Vom Kirchturm hört Florian drei
Glockenschläge. Das ist die Uhr. Jetzt
nimmt Flori aber seine Beine in die
Hand. Er rennt, so schnell ihn seine
Füße tragen. Er saust wie ein geölter
Blitz. Er jagt wie der Teufel. Er hüpft
über alle Steine. Er läuft wie verrückt.
Er rennt wie ein Wiesel.
Aber es nützt alles nichts. Als er um
die letzte Straßenecke braust, sieht er
den Schulbus nur noch von hinten.
Der Bus fährt schnell davon.
Flori bleibt stehen. Er keucht. „Ach,

verflixt!" ruft er und stampft mit dem Fuß auf. Was wird jetzt die Lehrerin sagen.

„Na, mein Kleiner, du hast wohl den Bus verpaßt?" fragt eine alte Frau. Sie sitzt auf einer Bank am Straßenrand.

Flori nickt.

„Jaja!" sagt die Frau. „Das ist heute so. Wenn der Bus weg ist, weiß sich keiner mehr zu helfen. Als ich so klein war wie du, da bin ich täglich zu Fuß in die Schule gelaufen. Mehr als eine

halbe Stunde. Bei jedem Wind und
Wetter. Oh, das war gesund! Natürlich
bin ich auch mal zu spät gekommen.
Aber niemals so spät, wie du heute in
die Schule kommen wirst. Und weißt
du auch, warum?"

„Klar!" sagt Flori.

„Na, warum denn?"

„Weil die Erwachsenen immer alles
besser können, darum!"

Flori vor der Hecke

Flori rennt weiter. Was die alte Dame
kann, kann ich schon lange, denkt er.
Eigentlich ist es ganz schön, mal
zu laufen. Sonst sausen alle Häuser
immer so schnell am Busfenster vorbei.
Da ist zum Beispiel der Straßenfeger
mit seinem Wagen. Und nun kommt
Flori an eine sehr hohe Hecke. Die Hecke
ist ganz dicht. Sie ist doppelt so hoch
wie Florian. Und er kann nirgends
hindurchsehen.
Gerade das aber ärgert Flori.
Vielleicht hätte er sonst gar nicht hin-

geguckt. Aber so . . . Er stellt sich alles
mögliche vor. Dahinter ist sicher ein
Schloß. Oder eine Ritterburg. Nein, die
gibt's nicht mehr in der Stadt. Vielleicht ist eine Villa hinter der Hecke,
mit einem Schwimmbecken. Oder ein
Bungalow mit einer Terrasse. Oder
vielleicht überhaupt nur ein Park.
Flori versucht, die Zweige ausein-
anderzudrücken. Er zwängt seinen
Kopf so weit hinein, wie es geht.
Es kratzt und sticht.

Er zieht den Kopf wieder zurück.
Da sieht er einen grauen Hund durch
die Hecke schlüpfen.
„Ach, du bist es!" ruft Flori.
„Ich denke, du bist im Büro. Komm,
Papa! Komm!" Er lockt den Hund.
Der Hund guckt ihn kaum an und

41

6 4225-8

springt davon.

Der Straßenkehrer stützt sich auf seinen Besen. „Der Hund heißt Nero", sagt er zu Flori. „Wieso rufst du ihn Papa?"

„Weil er Schlagsahne nach mir geworfen hat!" sagt Florian.

„So einen Unsinn habe ich noch nie gehört!" Der Straßenkehrer kratzt sich im Nacken.

„Sie haben wohl noch nie geträumt?" fragt Flori.

 # Flori an der Baustelle

Jetzt kommt Florian an einem
Bauzaun vorbei. Hinter dem Zaun
ist eine Baustelle. Da wird nichts
gebaut. Der Zaun hat viele Lücken.
Da kann Flori gut durchgucken.
Was er sieht, ist nur noch ein halbes
Haus. Die eine Hälfte des Hauses ist
abgerissen worden. Sie liegt als ein
großer Hügel von Schutt vor dem Haus.
Die andere Hälfte des Hauses steht
aber noch aufrecht da. Das Haus sieht
aus wie aufgeschnitten. Die Zimmer
sind wie viereckige Kästen über-

einander. Zuoberst ist noch ein Kasten
mit einem spitzen Hut. Das ist das
Dachgeschoß.
Florian hat noch nie so in ein Haus
hineingucken können. Da stehen sogar
noch ein paar alte Möbel.
Ganz unten sieht Flori in den Keller.
Da steht ein schwarzer Heizkessel.
Darüber war eine Küche. Da ist noch

ein Gasherd. Links neben einer Wand
ist ein Polstersessel stehengeblieben,
eine Etage höher ein brauner Schrank.
Die Schranktür ist offen, sie bewegt sich.
Im Zimmer nebenan ist eine Badewanne.
Sie steht schon mit einem Bein in der
Luft. Flori würde sie gern herunter-
fallen sehen. Das müßte einen Knall
geben! Ganz oben auf dem Dachboden

ist ein weißes Schaukelpferd. Und dar-
über schwebt ein roter Luftballon.
Ob er nicht rauflaufen könnte, um ihn
sich zu holen?
Aber es gibt keine Treppe mehr.
Ein Herr und eine Dame gehen

vorbei. Sie sagen: „Schade um das
schöne alte Haus. Wie viele nette
Menschen haben doch hier drin
gewohnt. Sie sind hier geboren worden
und aufgewachsen. Sie sind in die
Schule gegangen, haben geheiratet,

haben Kinder bekommen. Viele sind in
diesem Haus alt geworden und schließ-
lich darin gestorben. Nun muß auch
das Haus daran glauben. Ja, das ist
der Lauf der Welt."
Ach, denkt Florian, ob man das
Haus, wo wir jetzt drin leben, auch
einmal abreißen wird?
„Guck mal!" ruft die Frau. „Da fliegt
der rote Luftballon. Der Wind treibt
ihn hinaus. Wie schön!"

Der rote Luftballon schwebt über
dem Haus. Er neigt sich nach rechts
und nach links. Er steigt immer höher.
Flori guckt, bis er ihn nicht mehr
sehen kann.

Flori an der Anschlagwand

Etwas weiter ist wieder eine Bretter-
wand. Sie steht auf mehreren Pfosten.
Flori bleibt stehen.
Die Wand ist von unten bis oben
mit Plakaten beklebt. Da sind Köpfe
drauf und Menschen und Zirkuszelte –
oder einfach nur Buchstaben.
Eine rundliche Frau steht auch da. Sie
trägt ein Einkaufsnetz. Sie schaut zu
Flori runter und fragt: „Na, Kleiner,
kannst du denn schon lesen?"
„Ph!" macht Florian. „Ich gehe doch
schon lange in die Schule."

7 4225-8

„Dann hast du wohl ein schönes
Geschichtenbuch?" fragt die Frau.
„Die Wand hier ist schöner",
antwortet Flori.
„So? – Warum denn?"
„Weil das hier wirklich passiert. Hier
ist überall was los. Kino und Vorträge
und Zirkus und Ausstellungen und
Konzerte und Disco und Bootsfahrten

und Omnibusreisen."

„Donnerwetter!" ruft die Frau.
„Du kannst wohl wirklich schon sehr
gut lesen."

„Sag ich ja", brummt Flori.

„Naja", sagt die Frau. „Aber du
kannst doch unmöglich in all die
Veranstaltungen gehen, die hier
angeschlagen sind."

„Muß ich auch nicht. Ich kann mir
alles prima vorstellen", antwortet
Flori.

Die Dame wundert sich. „Schau
mal", sagt sie, „hier ist ein großer,
grauer Hund entlaufen . . ."

„Ach", macht Flori. „Der ist weg? Das
schadet nichts. Er hat Schlagsahne
nach mir geworfen."

Die Frau schüttelt nur ihren Kopf.
Endlich greift sie in ihr Einkaufsnetz.
Sie zieht einen Lolli aus einer Tüte.
„Magst du?"

„Nein danke", sagt Florian. Ich
nehme überhaupt nichts von fremden
Leuten."

Und weg ist er.

Flori in der Schule

Endlich kommt Flori in die Schule.
Alle Flure sind leer. Durch die Türen der
Klassenzimmer hört er Kinder. Er hört
auch die Stimmen der Lehrerinnen und
Lehrer. Er nimmt seine Mütze ab und
hängt sie auf den Garderobenhaken.
Langsam geht er zur Tür seiner
Klasse. Was soll er nur machen?
Bestimmt bekommt er Schimpfe.
Drinnen erklärt die Lehrerin etwas.
Es ist eine Lehrerin, die er mag.
Flori drückt die Klinke runter. Flori
schiebt den Kopf durch den Türspalt.

Alle Kinder drehen sich in ihren
Bänken nach ihm um und gucken ihn
an. Flori wird rot.

„Entschuldigung!" stammelt er.
„Der Schulbus ist mir vor der Nase
davongefahren."

Die Kinder kichern.

„Soso", sagt die Lehrerin. „Geh erst
einmal an deinen Platz."

Flori schiebt sich durch die Reihen.
Er schlüpft in seine Bank und schiebt
seine Tasche darunter. Herbert, sein
Nachbar, stupst ihn in die Seite.
„Steh mal auf, Flori", sagt die
Lehrerin.
Florian steht auf. Er guckt auf den
Fußboden.
„Du bist also zu spät zum Bus
gekommen?" fragt die Lehrerin.

„Warum? Bist du nicht rechtzeitig
aufgestanden?"

„Doch", antwortet Flori.

„Guck mich an", sagt die Lehrerin.

Flori guckt sie an, und sie sehen sich
beide ganz fest in die Augen.

„Wenn du rechtzeitig aufgestanden
bist, was war denn dann los?" will die
Lehrerin wissen.

Florian guckt wieder
auf den Boden.
Es fällt ihm gar
nichts ein. „Nichts",
sagt er leise.

„Komisch", meint die Lehrerin.

Flori nickt. Jetzt findet er es auch
komisch.

„Na, denk doch mal nach."

„Tu ich ja", murmelt Flori.

Die Lehrerin fragt weiter: „Du bist
also den ganzen Weg gegangen?"

„Ja."

„Na", meint die Lehrerin. „Da hast
du doch sicher viel gesehen. Erzähl mal,
was du so auf der Straße alles erlebt
hast."

„Ach – nichts", sagt Flori. „Eigentlich
nichts." Er kann sich auch wirklich

57

an nichts erinnern. An gar nichts.
„Das ist schade", sagt die Lehrerin.
Ich sehe immer sehr viel. Heute zum
Beispiel saß ein großer grauer Hund
bei uns auf der Haustreppe."
„Ach", ruft Florian. „Der ist schon

bei Ihnen? Sperren Sie ihn nur ein!"
„Ist es denn euer Hund?" fragt die
Lehrerin.
„Es ist mein Papa!" sagt Flori.
Die Kinder lachen laut los. Die

Lehrerin lacht nicht. Sie sieht Florian
an, so ganz tief in ihn hinein.
Sie kennt ihren Flori, der oft Traum
und Wirklichkeit nicht auseinander-
halten kann.
„Wirklich?" fragt sie.

Da wird Flori rot. „Nein, nicht
wirklich", gibt er zu. „Aber geträumt
haben wir es beide."
„Wünschst du dir denn, daß dein
Papa ein Hund ist?" fragt die Lehrerin.
„Nein!" sagt Flori. „Oder vielleicht
doch – manchmal. Dann könnte ich
öfter mit ihm spielen!"
Jetzt lacht sogar die Lehrerin.
Sie versteht mich, denkt Florian froh.
Wie gut, daß es auch Erwachsene gibt,
die einen nicht auslachen.
Und dann
ist Rechnen dran.

CIP-Titelaufnahme der Deutschen Bibliothek

Kruse, Max:
Flori geht zur Schule / Max Kruse. – München : F. Schneider,
1989
  ISBN 3-505-04225-0

BENJAMIN®

© 1989 (1982) by Franz Schneider Verlag GmbH
8000 München 40 · Frankfurter Ring 150
Alle Rechte vorbehalten
Umschlagkonzeption: Heinz Kraxenberger
Titelbild und Illustrationen: Brigitte Smith
Lektorat: Monika Raeithel-Thaler
Herstellung: Brigitte Matschl
Satz: TypoBach, München
Druck: Staudigl-Druck, Donauwörth
ISBN: 3 505 04225 0

Die beliebte „Urmel"-Serie von Max Kruse

HABE ICH		WÜNSCHE ICH MIR
	GROSSDRUCK	
	Urmel kommt zur Welt (Band 1)	
	Urmel auf dem Mond (Band 2)	
	Urmel in der See (Band 3)	
	Urmels toller Streich (Band 4)	
	Urmels neuer Freund (Band 5)	
	Urmels Feuerteufel (Band 6)	
	SCHREIBSCHRIFT	
	Urmel kommt zur Welt (Band 1)	
	Urmel auf dem Mond (Band 2)	
	Urmel in der See (Band 3)	
	Urmels toller Streich (Band 4)	

Gib diesen Wunschzettel deinen Eltern oder Großeltern oder allen, die dir gerne eine Freude machen wollen.